anseios

Uma coletânea de desejos
que fingem ser poesias

paruna

Ficha catalográfica elaborada pelo DePT da Biblioteca Comunitária da UFSCar

---

S142   SANTOS, Wandeir Maurício; AMORIM, Lupita. Anseios: uma coletânea de desejos que fingem ser poesias. E-book online, Várzea Grande - MT. 2023.
    29 f.

ISBN: 978-65-85106-11-5

1. Poesias. 2. Anseios. 3. Escrevivência. 4. Literatura. I. Título.

CDD: 303.483

Revisão e Normalização Textual:
Paruna Editorial

Capa, Editoração e Projeto Gráfico:
Candida Bitencourt Haesbaert – Paruna Editorial

Paruna Editorial
Rua Lima Barreto, 29 – Vila Monumento
CEP: 01552-020 – São Paulo, SP
Fone: 11 97958-9312
www.**paruna**.com.br

Lupita Amorim
Wandeir Maurício

anseios

Uma coletânea de desejos
que fingem ser poesias

paruna

Cuiabá
2023

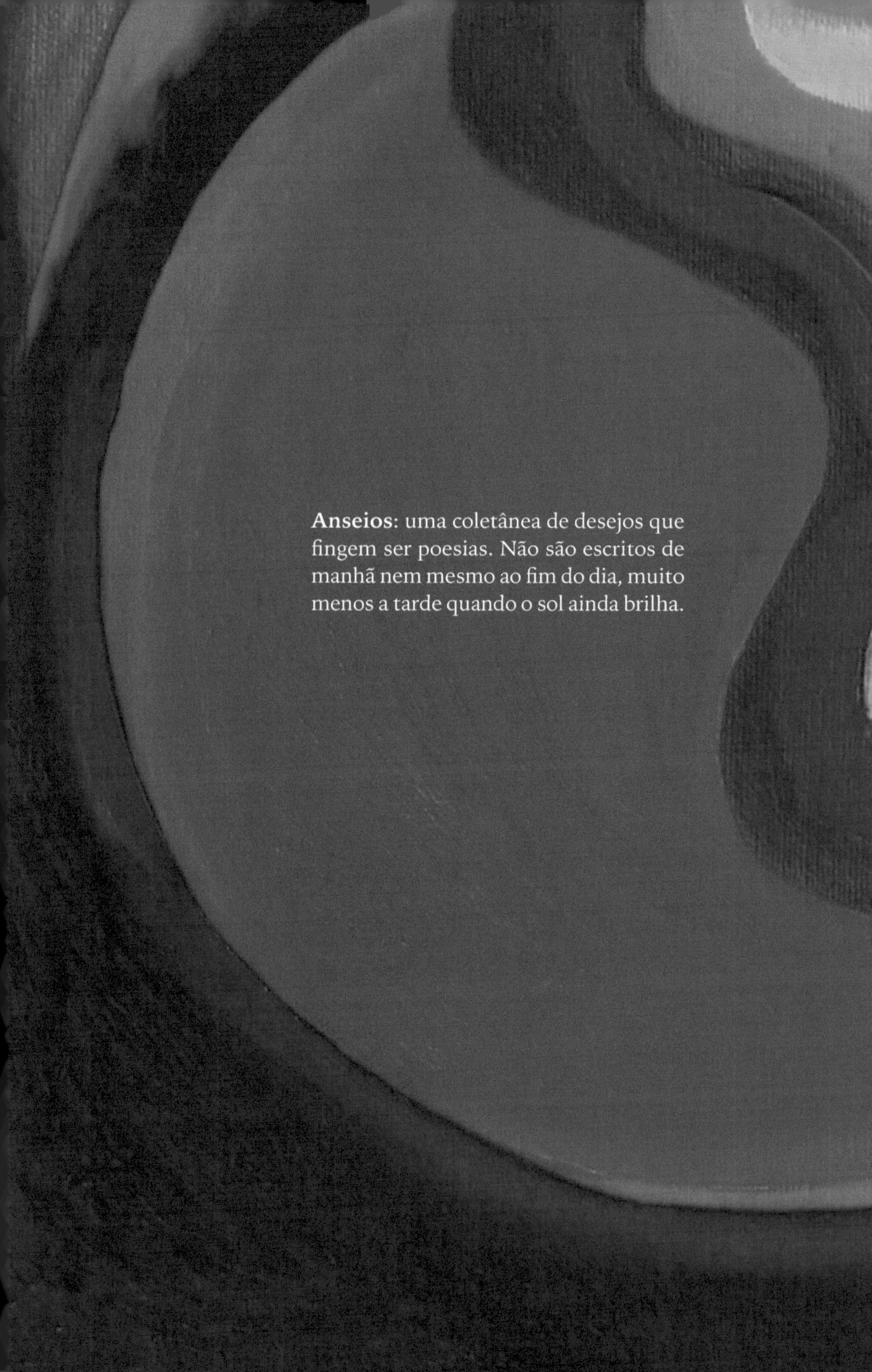
Anseios: uma coletânea de desejos que fingem ser poesias. Não são escritos de manhã nem mesmo ao fim do dia, muito menos a tarde quando o sol ainda brilha.

APRESENTAÇÃO

A coletânea ANSEIOS versa sobre escrevivências compartilhadas, desejos, vontades e expectativas. É resultado de reflexões mútuas entre duas pessoas, podendo agora fazer parte das vidas de quem se permitir ter ânsia de viver novos desejos.

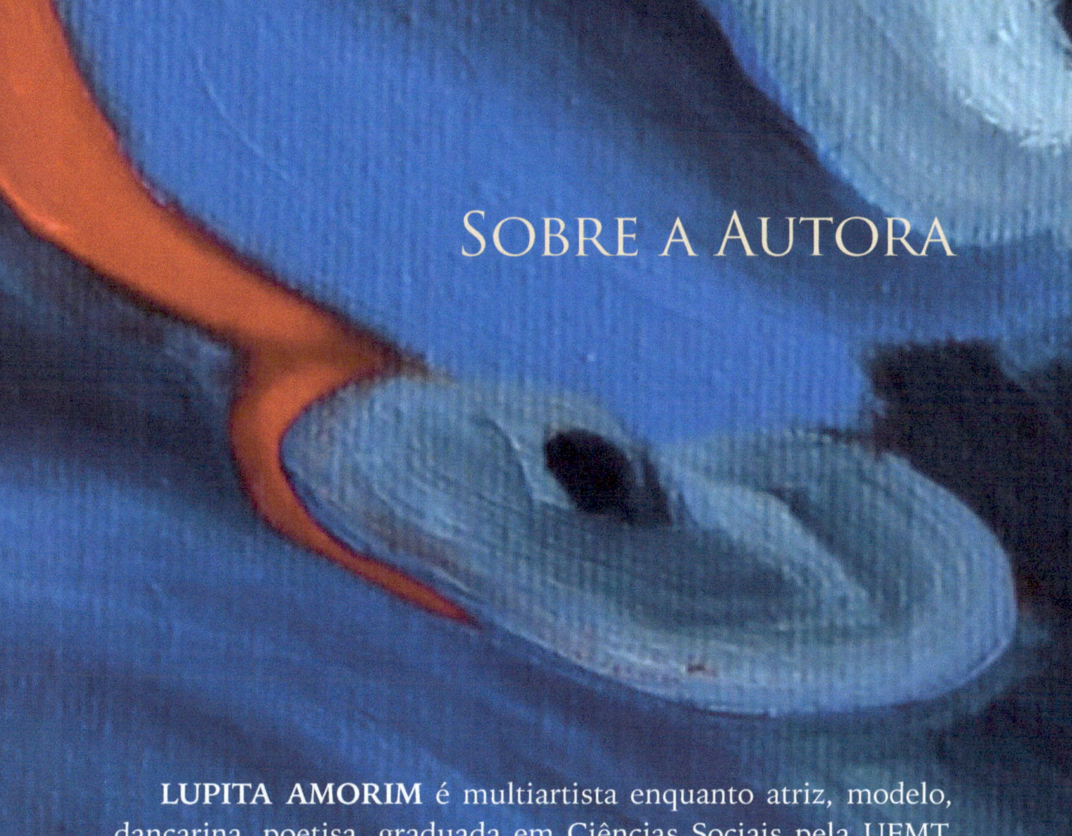

Sobre a Autora

LUPITA AMORIM é multiartista enquanto atriz, modelo, dançarina, poetisa, graduada em Ciências Sociais pela UFMT. Divide sua vida e produções entre a universidade, militância e arte, pautando a partir de suas movimentações as urgências da população travesti preta, pobre e periférica. Tem experiência como palestrante, cerimonialista e formadora nas áreas de relações raciais, políticas de ações afirmativas, vivências LGBTI+, arte, cultura e juventude. Nestas áreas possui reconhecimento através das Moções de Aplausos já recebidas pela Câmara Municipal e Assembleia Legislativa de Mato Grosso, além de já ter recebido premiações na área da produção de literatura e atuado em produções audiovisuais premiadas regional e nacionalmente.

@lupitaamorim

Sobre o Autor

WANDEIR MAURÍCIO – Sou um graduando em Letras Português – Literatura na Universidade Federal de Mato Grosso (UFMT). Poeta e um dos membros fundadores do Grupo Muvuka. Tenho a honra de ser um dos criadores do Festival Muvuka. Além da minha atuação como poeta e membro do grupo, sou também criador de conteúdo e agente cultural, buscando sempre fomentar a cultura e ampliar as vozes artísticas. Através da escrita, expresso minha ânsia de existir, indo além de mim mesmo ao explorar narrativas até então não contadas.

@afrowando

Sumário

I - Proseando com você em segredo

Eu não queria ter que escrever isso, mas escrevi,
meu sonho mesmo era sentir, mas não senti,
não ficar sozinha, mas estou.

Queria te ver, mas não te vi, nem sei como é seu rosto,
mas quero saber, pode ser que você se aproxime,
mas não me vê, ou você se aproxime de mim e
eu te querer, num dia aleatório de muito sol e me nublar,
o ver caminhando e não andar.

Ao te ver eu posso não saber como reagir, de fato não
reagi, talvez eu não saiba desenrolar, e desenrolo, ou
não saiba como vai ser, mas serei eu a querer te beijar,
na certeza de que você queria, ou sem querer.

Imagino suas mãos passeando no meu corpo,
ou só passando, enquanto temos um ao outro,
sem termos nada.

Não só sentir, mas sentindo você só pra mim
e que você me tenha só pra si.

No raiar do dia te dizer palavras de amor enquanto sorria,
mesmo a noite estando sozinha numa cama fria, acabamos
de nos conhecer mesmo isso sendo uma grande utopia.

II - Bastava

Você tinha tudo que eu precisava no momento,
Você era real e poderia fazer daquilo um acontecimento.

Comigo,
nossos corpos dançando numa perfeita harmonia,
Mas preferiu ser só um amigo.

Nem pedi muito,
Você era real,
Isso já bastava,
Os outros vinham,
Com gosto de sonho bom,
Que na melhor parte terminava.

III - Penso Em

Antecipe sua presença à mim
Permita-se conhecer
Sentar aqui pertin
Conceber intimidade com você
Pode ser hoje, é só querer.

IV - VISLUMBRE

Veja bem
meu bem

beijar-te
é um dom
desejado que
a mim vem

sentindo o sentir
de seus lábios
é afeto

dos outros
amores eu
quero afastar

sem você
por perto

saber que
num lugar
contigo onde
quero estar

só ver você
outras coisas
não mais enxergar.

V - Anseios

Os meus dedos anseiam o momento de te tocar,
parece estranho querer tanto um desejo irreal realizar,
nem seu rosto eu vi, se tem cicatrizes ali, rugas acá,
se o lindo rosto tem tom de ébano, ou marfim, para tocar,
na verdade eu não sei nada sobre você
o anseio ainda sem te imaginar
na certeza de querer te ter.

VI - Assunto

estou solteira e busco alguém
venha ao meu encontro
e não se preocupe com o que tem

sabe, não precisa de muito
você e eu de mãos dadas
sem pensar no assunto

parece estranho não querer pensar
mas de várias coisas que falamos
poucas vão importar

o momento será mais valioso
os assuntos podem variar
dos mais verdadeiros ao mais mentiroso

talvez você ainda não saiba
mas me procura também
tenta encontrar nos outros
o que só em mim tem

tenta criar assuntos
tenta entrar em outros mundos
mas só em mim você encontra alguém.

VII - Chorar

Tô chorando aqui

Por muito tempo eu tô chorando

Não vou mais culpar nada

Nem pelo choro nem pelas lágrimas

Eu tô chorando

Mesmo com um sorriso mascarando
eu tô, não seria mais por você

Mas pelas palavras de um poeta

E um sorriso insensato seu

Que aos poucos me afeta.

VIII - Por Mim

Por tudo

Por todos

Por mim

Por ela

Por ele

Por você

Mas você não é por mim.

IX – Uma pena que foi só um aperto de mão

Uma pena que foi só um aperto de mão

Uma tentativa falha de iludir

Uma falha loucura para me ferir

Foi por pouco que não conseguiu

Tenho, talvez, que confessar

Essa tentativa de um flerte fez meu coração parar de cicatrizar

Sangrou de novo

Não foi culpa sua

Não daria a você o gostinho

De poder me machucar

Foi por pouco que meu coração cicatrizou

Graças a sua gracinha ele inflamou.

X - Carência Felina

Uma vez pensei que ter um gato iria suprir minha carência

Surtei quando o gato quebrou e começou
a gataiar por toda casa às três da madrugada

Outra vez pensei que trabalhar iria me fazer
ter condições de comprar tudo que eu queria.

Só não me falaram que eu tinha que pagar pra trabalhar
e que tudo que eu queria era três meses do meu trabalho
se eu ficasse três meses sem comer.

Comicamente uma vez pensei que amar me faria ser amado.

Essa foi a vez mais engraçada que eu percebi
logo no começo que eu penso demais.

XI - Enroscar

E se eu fosse uma gata?

Enroscada em sua perna

Arranhando sua coxa

Te olhando cautelosa

Quebrando seus copos

Deitada em seu colo

Recebendo seus carinhos

Te acompanhando nas noites de vinho

Só que tem um porém

Eu não sou uma gata

Sou a gata

E você é só um ninguém.

XII - Pirata

vou recorrer a pirataria para te conquistar

Preciso de um navio

Uma perna de pau

Um papagaio pra grasnar

Uma tripulação também

Mapa do tesouro e rum

Uma espada enferrujada

Um agitado mar

E seu coração para roubar.

XIII - Não é Fácil

Não seria fácil lidar com o choro

Nem com o frio na barriga

Ou com os bom dias seus

Ou com sua distância

Muito menos com sua presença

Não é fácil lidar com sua presença

N E M - U M - P O U C O

Só quero enfatizar

Que tudo que envolve você não é fácil de lidar.

XIV - Salvei

É lógico que eu salvei

Suas conversas safadas, salvei

Suas doces palavras, salvei

Sua nude cortada, salvei

Seu sorriso

Seu olhar

Sua pele lisa

Tudo isso aí eu salvei

Só eu mesma que não consegui salvar.

XV - Passarinho

Encontrei uma gaiola,
você estava dentro e cantava,
decidi te soltar
merece sentir o vento quando voar.

Eu me lembro de quando eu cantava
minha voz a todos alegrava,
quando voava, o vento pra mim
se declarava.

Era livre até não ser mais,
te solto hoje para ter paz
vai pra longe
cante até sumir
porque hoje eu não vou
a muito tempo morri.

XVI - Tempo de Paz

Tinha um tempo em que eu tinha paz
Tempo esse que não volta mais
Me lembro de quando eu era menininho sagaz
Hoje tudo que eu fui se desfaz
O tempo passou
A minha mente mudou
Aquele menininho eu não sou mais
Haja tempo pro que eu queria falar
Mas estou sem paz.

XVII - Haja Tempo

Era tempo que eu tinha tempo para fazer algo
Hoje tenho tempo mas me falta o algo

Fico me lembrando do tempo que não tinha tempo
Era bom ao mesmo tempo que era ruim
Pois me faltava tempo

Hoje vejo o tempo melhor do que via antes
Me pergunto se isso é falta tempo ou tempo demais

Estou preso no tempo sem querer mais
As coisas continuam envelhecendo
E eu continuo aqui temendo o tempo.

XVIII - Ex-perturbação

Eu to perturbado
Com tudo que não faço
Deveria esquecer
Do menino que me pediu um abraço
Mas não consigo
A perturbação não deixa
Sou eu aqui sozinho
Com ela a minha espreita
Não tenho mais lágrimas pra chorar
Elas se acumulam no meu olho
E secam sem lacrimejar
Tudo isso porque estou perturbado
Culpa daquele menino que um dia foi meu namorado.

XIX - A Duvidosa Dádiva de Duvidar

A dúvida me convém
Diferente das outras pessoas ela não me detém
Me instiga
Me faz sentir viva
Duvidar de tudo é a minha vida
Duvido da cor do sol
Da cor da lua
Dos carros que passam na rua
E dos amores que me tocam quando estou nua
Duvidar pra mim é apreciar
A incerteza do momento é o que torna tudo singular
Duvido de mim
E isso me faz prosperar
Duvido de quem diz que me ama
Duvido se ele diz porque me quer na cama
Duvido de quem quer me ajudar
Buscando no meu talento uma forma de se alavancar
Duvido de tudo
Dos surdos, dos cegos e dos mudos
A dúvida me faz questionar
Sair do meu lugar e respostas encontrar
Eu duvido de tudo mesmo
E na dúvida vou duvidar.

XX - DOR

Café queima a língua. Dor
Você vicia igual. Dor
Dar pela primeira vez. Dor
Se for carinhoso então. Dor

Chamou pra comer um dogão. Dor
Me trouxe até a porta de casa. Dor
Me bloqueou quando chegou. Dor

Falou que era mais que o outro. Dor
Elogiou. Dor
Mentiu. Dor
Falou que seria diferente. Dor

Na segunda meteu tudo sem dó. Dor
Falei calma. Dor
Você já está acostumada, ele falou. Dor
No outro dia estava acabada. Dor
Não era só no corpo. Dor
Não iria sarar nem mesmo com anador.

Publicação Impressa pela
Amazon em papel offset 90g e
tipografia Iowan Old Style